WLAMYRA ALBUQUERQUE
WALTER FRAGA

O que há de África em nós

Ilustrações: Pablo Mayer

1ª edição
São Paulo, 2013

MODERNA

© WLAMYRA ALBUQUERQUE, WALTER FRAGA, 2013

COORDENAÇÃO EDITORIAL: Lisabeth Bansi
ASSISTÊNCIA EDITORIAL: Paula Coelho, Patrícia Capano Sanchez
PREPARAÇÃO DE TEXTO: Ana Catarina Nogueira
COORDENAÇÃO DE PRODUÇÃO GRÁFICA: Dalva Fumiko N. Muramatsu
COORDENAÇÃO DE EDIÇÃO DE ARTE/PROJETO GRÁFICO: Camila Fiorenza
DIAGRAMAÇÃO: Cristina Uetake, Elisa Nogueira
ILUSTRAÇÕES: Pablo Mayer
COORDENAÇÃO DE REVISÃO: Elaine Cristina del Nero
REVISÃO: Dirce Y. Yamamoto, Sandra G. Cortés
COORDENAÇÃO DE *BUREAU*: Américo Jesus
TRATAMENTO DE IMAGENS: Arleth Rodrigues
PRÉ-IMPRESSÃO: Alexandre Petreca, Everton L. de Oliveira Silva, Helio P. de Souza Filho, Marcio Hideyuki Kamoto, Vitória Sousa
COORDENAÇÃO DE PRODUÇÃO INDUSTRIAL: Wilson Aparecido Troque
IMPRESSÃO E ACABAMENTO:

A.S. Pereira Gráfica e Editora EIRELI
LOTE: 802131 - Código: 12084769

DE ACORDO COM AS NOVAS NORMAS ORTOGRÁFICAS

Dados Internacionais de Catalogação na Publicação (CIP)
(Câmara Brasileira do Livro, SP, Brasil)

Albuquerque, Wlamyra
  O que há de África em nós / Wlamyra Albuquerque, Walter Fraga. — 1. ed. — São Paulo : Moderna, 2013.
  (Coleção viramundo)

  ISBN 978-85-16-08476-9

  1. Cultura afro-brasileira – literatura infantojuvenil I. Fraga, Walter. II. Título. III. Série.

12-14941 CDD-028.5

Índices para catálogo sistemático:
1. Cultura afro-brasileira : Literatura infantil 028.5
2. Cultura afro-brasileira : Literatura infantojuvenil 028.5

Reprodução proibida. Art.184 do Código Penal e Lei 9.610, de 19 de fevereiro de 1998.
Todos os direitos reservados
EDITORA MODERNA LTDA.
Rua Padre Adelino, 758 - Belenzinho
São Paulo - SP - Brasil - CEP 03303-904
Vendas e Atendimento: Tel. (11) 2790-1300
Fax (11) 2790-1501
www.modernaliteratura.com.br
2025
Impresso no Brasil

SUMÁRIO

Algumas viagens, muitas descobertas, 6

1. Desde quando o mundo é mundo?, 8
2. O que há do outro lado do oceano Atlântico?, 16
3. Da África para o Brasil – a travessia do Atlântico, 28
4. Os africanos e seus descendentes na vida cultural do Brasil, 38
5. Invenções afro-brasileiras, 48
6. Quem entra na roda da cultura afro-brasileira?, 58
7. A música afro-brasileira é feita de muitos sons!, 66
8. Fim da viagem?, 76

ALGUMAS VIAGENS, MUITAS DESCOBERTAS

Pense neste livro como uma grande viagem por outros tempos e lugares. Akin, Alice e Isabel são alguns de nossos companheiros nessa aventura, que nos conta sobre a relação entre Brasil e África. Para estudar História é preciso ter muita imaginação. Imaginando, podemos atravessar o Atlântico, visitar cidades, conhecer pessoas e culturas para entender o que há de África em nós.

América e África são continentes separados pelo grande oceano Atlântico. Mas existe muita relação entre essas duas margens do grande oceano. Junto com nossos personagens e guiados pela imaginação vamos fazer muitas descobertas importantes. Entre outras coisas descobriremos que a ligação do Brasil com a África é muito antiga, vem do tempo em que os navegantes portugueses aqui aportaram. Nas caravelas dos primeiros navegadores portugueses vieram também marinheiros africanos.

Mas a grande maioria dos africanos veio para cá à força, como mão de obra escravizada, ou seja, na condição de pessoas que pertenciam a outras e deviam trabalhar para elas, sem salário e sem direito a escolha. Essa é uma história dramática, pois milhares de crianças, mulheres e homens africanos foram arrancados de suas comunidades e famílias e deportados para várias regiões das Américas, incluindo o Brasil. Durante muito tempo foi por meio do trabalho escravo que se produziu a maior parte da riqueza brasileira.

No entanto, os africanos que para aqui vieram não produziram apenas riqueza material. Eles foram fundamentais para moldar a cultura brasileira. De lá eles trouxeram muitos conhecimentos, ideias, valores, referências de como se relacionar e criar os filhos, de se divertir e de entender o mundo. Tudo isso faz parte do que somos hoje como brasileiros. Este livro busca entender como aconteceram esses encontros e trocas culturais. Venha conosco e nos empreste a sua imaginação, há muito que conhecer!

1. DESDE QUANDO O MUNDO É MUNDO?

Imagine uma manhã bem bonita, de sol forte e céu azul. Foi num dia assim que Alice acordou pensando em como era o mundo muito tempo atrás. Ela despertou pensando em como seria viver sem luz elétrica, internet, bicicleta, sorvete e história em quadrinhos. E mais, ela queria saber sobre uma época ainda mais distante, quando as pessoas tinham de caçar para sobreviver.

E foi assim, pensando em coisas que tinham de ser bem imaginadas, que Alice pegou a bicicleta e saiu pedalando. Sob aquele céu azul, bastaram mais uma esquina e dois ou três pensamentos novos para voltar para casa cheia de perguntas.

"Hoje é meu dia de sorte", pensou Alice, quando avistou vovô Antônio regando as plantas do jardim. Vô Antônio viajava muito, fazia os melhores sanduíches do mundo e sempre tinha uma resposta para as perguntas cada vez mais malucas da neta.

– Vô! – gritou a menina, ofegante. – Quando você era criança todas as coisas do mundo já existiam?

– Ah, já vem você fazendo graça... – disse Antônio, abrindo um grande sorriso.

– Não é graça, é dúvida mesmo. É que eu estive pensando...

– Ih, sinto que teremos uma longa conversa... É melhor sentarmos à sombra – suspirou Antônio, que já sabia o que acontecia quando aqueles olhinhos inquietos ficavam muito brilhantes.

Você sabia?

Essas histórias sobre tempos longínquos do passado, quando não existia escrita ou qualquer registro escrito, são chamadas de mito. As culturas africanas são cheias de mitos. Eles são muito ricos para entendermos como os povos africanos explicavam, a seu modo, o surgimento da humanidade.

— Eu quero saber mesmo é desde quando o mundo é mundo.

Enquanto se ajeitava numa rede da varanda, Antônio foi se lembrando de algo que ouviu de sua mãe quando criança.

— Diz uma lenda africana que antes de o mundo ser mundo não existia nada. Tudo era escuridão sem fim. Olhando para aquele grande vazio, Olodumaré, a divindade da criação, resolveu inventar o mundo, com todas as coisas que há nele: cores, bichos, pessoas, ar, tempestade, mar, florestas, desertos e tudo o mais que existe. Mas, como essa era uma tarefa muito grande, Olodumaré resolveu pedir ajuda a Nanã. Ela, então, ofereceu a lama a Oxalá para que ele moldasse o ser humano. Depois de prontos, o homem e a mulher ganharam o sopro da vida e a possibilidade de desfrutar de tudo que o mundo lhes oferecia.

Alice ficou algum tempo pensando em como acomodar aquela explicação em seus pensamentos. Era uma linda história, mas o que tinha a ver com a pergunta que continuava perambulando em sua cabeça?

O avô notou a inquietação da neta e foi logo emendando a explicação da explicação:

— Essa história da criação do mundo é apenas uma entre as muitas criadas pelos povos africanos para explicar o surgimento do mundo e da humanidade.

Antônio explicou que diferentes religiões também criaram suas próprias histórias para explicar o começo dos tempos, e que todas eram válidas. Mas muitos cientistas também pensavam sobre o assunto e tinham descoberto na parte oriental da África os vestígios mais antigos dos primeiros homens.

fósseis
são vestígios petrificados de animais e vegetais que viveram há muito tempo. Restos humanos, como dentes e ossos, podem fornecer informações valiosas sobre seu modo de vida, hábitos alimentares e até sua idade e sexo.

Você sabia?
O Homo erectus foi chamado assim porque ele foi capaz de se sustentar andando apenas sobre as pernas, com os braços e as mãos livres para segurar ferramentas, colher frutos e se defender de predadores.

Os olhos da pequena Alice brilharam ainda mais de curiosidade e, no vaivém da rede, vô Antônio, com voz pausada e cheia de suspense, contou o que sabia.

— É na África que os cientistas têm encontrado o maior número de objetos, ferramentas, **fósseis** e registros das primeiras espécies do gênero humano. Uma delas foi *o Homo erectus*.

— Ah, então como foi possível andar tanto e ainda atravessar oceanos? — indagou a menina, imaginando o mapa da África a partir das nuvens que se formavam no céu azul.

Antônio respondeu imediatamente:

— É que o mapa do mundo daquela época não era igual ao de hoje. Estamos falando de milhões de anos, de tempos muitos antigos, quando a distância entre um continente e outro era bem menor. Além disso, não estamos falando de uma pessoa só, mas de grupos humanos que, em diferentes períodos da história, migraram, ou seja, se mudaram de um lugar para outro por causa das secas, das mudanças no clima ou para buscar melhores condições de sobrevivência.

— Ah! Agora, entendi.

— Por isso os cientistas têm boas razões para crer que foi no continente africano que os **hominídeos** surgiram pela primeira vez. Nosso antepassado mais próximo, o *Homo sapiens*, também deixou vestígios de sua existência na África, há mais ou menos 200 mil anos. Ele era tão habilidoso que conseguia fazer pequenas fogueiras que mantinham os outros animais afastados e ainda permitiam o cozimento de alimentos.

Lucy

Em 1974, arqueólogos franceses e americanos descobriram na Etiópia ossos fossilizados de hominídeo do sexo feminino de mais de 3 milhões de anos. A identificação do sexo feminino se baseava no tamanho da pélvis. Esse fóssil foi apelidado de Lucy por causa da canção dos Beatles, *Lucy in the sky with diamonds*, que fora tocada alto e repetidamente durante as escavações.

hominídeos

são os indivíduos que deram origem à espécie humana. Eles surgiram na África há cerca de 70 milhões de anos.

— Nossa! — exclamou Alice. — Isso quer dizer que todas as pessoas no mundo são parentes desse tal *Homo sapiens*!

— Exatamente, minha querida! É por isso que se diz que a África é o berço da humanidade. O *Homo sapiens* tornou-se um animal hábil para produzir cultura, ou seja, tornou-se capaz de se organizar em sociedade, desenvolver a agricultura e a domesticação de animais e formar as grandes civilizações. Enfim, fazer planos para o futuro e tomar decisões. Produzindo cultura ele deixou de depender exclusivamente do que a natureza oferecia.

Àquela altura, Antônio também espreitava as nuvens enquanto, acompanhado pela neta, viajava por aquela época tão distante de nós.

— Imagine o mundo que eles, nossos antepassados, inventaram e nos deixaram de herança! Somos todos parte da mesma espécie e compartilhamos a mesma origem africana. Assim, os povos de todo o mundo são aparentados por essa origem comum na África. Se quisermos saber ainda mais sobre esse nosso passado tão longínquo, certamente teremos de pesquisar muito nos **sítios arqueológicos** do continente africano atrás de vestígios, os tais fósseis que dão pistas sobre os hábitos e as invenções de nossos ancestrais.

Os olhos da menina faiscaram com a ideia que o avô lhe inspirara.

— E se eu for uma dessas pesquisadoras?

O desmanchar de mais uma nuvem foi a pausa necessária para Antônio comentar, encantado:

— E por que não?! Por que não?!

sítios arqueológicos são os locais onde são encontrados artefatos, construções, partes fossilizadas de animais e plantas que passam, então, a ser preservados como registros de um passado distante. No Brasil esses locais são protegidos por lei e é crime destruí-los.

15

2. O QUE HÁ DO OUTRO LADO DO OCEANO ATLÂNTICO?

Todo dia é a mesma coisa. O despertador não deixa a menina esquecer a hora de levantar. De nada adianta fazer de conta que não está ouvindo aquele *trimmmmmmm* interminável. Sua mãe logo aparece, abre a janela e diz:

— Bom dia, flor do dia. Já é hora de acordar.

Espreguiçando-se na cama, Lorena tenta ganhar mais uns minutos dizendo:

— Ah, mamãe, só mais um pouquinho.

— Nada feito. Teremos um dia cheio pela frente – emenda a mãe.

É sempre assim: mães nunca acordam para um dia vazio, se é que isso existe!

Mas, naquele dia que parecia tão igual, nem tudo seria o mesmo.

Assim que Lorena chegou à escola, já veio a primeira novidade. Ou melhor, ela trombou com a "novidade". Lorena tinha um novo colega, justamente com quem ela tinha acabado de esbarrar. Seu nome era Akin, um menino que falava um português diferente do que falamos no Brasil. Assim que eles se recuperaram do tombo, ele foi logo perguntando com aquele sotaque estranho:

– Olá, como você se chama? Quantos anos você tem? Você estuda aqui há muito tempo?

Lorena pensou rápido: "Nossa! Que menino perguntador!".

– Oi, eu sou Lorena. Tenho onze anos e estudo aqui há um tempão.

Antes que ele fizesse novas perguntas, prosseguiu:

– De onde você veio? Nunca te vi aqui antes.

Assim, Lorena ficou sabendo que Akin tinha chegado de Angola havia pouco tempo, com os pais e uma irmã. Ela achou legal ter um colega estrangeiro que falava português, mas ficou com uma interrogação: onde ficava Angola, mesmo?

Fortaleza de São Miguel, Luanda, Angola.

A professora Iolanda também ficou curiosa quando conheceu Akin e, logo depois de dar-lhe as boas-vindas, propôs que a turma aproveitasse a presença dele para saber mais sobre alguns países africanos. Foi então que ela explicou ser Angola um dos 53 países que fazem parte do continente africano. E foi por estar certa de quanto alguns países, como Angola, têm em comum com o Brasil que Iolanda propôs a atividade daquela manhã:

– Vamos todos para a biblioteca e, em duplas, vocês terão de pesquisar sobre algum país do continente africano. No final da manhã terão de nos contar uma novidade, uma descoberta.

Nem preciso dizer que Lorena e Akin formaram a primeira dupla que, em disparada, correu para a biblioteca. Logo, logo decidiram o que queriam descobrir: por que no Brasil e em Angola, países tão distantes um do outro, se fala a mesma língua, o português?

Mas assim que chegaram à biblioteca deram-se conta de que, para responder ao que os intrigava, era preciso atravessar o oceano Atlântico.

África, um grande continente

Depois de algumas horas e muitos livros sobre a mesa, eles souberam que a África é um continente muito extenso. Por ser tão grande, existem na África vários tipos de climas e relevos. O continente é cercado por dois oceanos, o Atlântico, a oeste, e o Índico, a leste, e é banhado por dois mares: o mar Vermelho, a nordeste, e o Mediterrâneo, ao norte. Florestas, savanas e desertos mostram quanto é diversificado o continente africano.

E não pense que deserto é lugar sem vida. Muito da história da humanidade teve como palco o Saara. Há muito tempo era sob o sol forte do deserto que os comerciantes árabes e africanos negociavam produtos diversos. Eles vendiam e compravam barras de sal, ouro e tecidos. Para tanto, eram organizadas grandes caravanas com camelos transportando mercadorias e pessoas por rotas que só quem conhecia bem o deserto podia percorrer. Essas caravanas eram chamadas de cáfilas.

Akin ficou intrigado com aquelas longas filas de camelos e viajantes que sobreviviam no Saara, onde as temperaturas podem chegar a 50° C durante o dia e baixar para -5° C durante a noite. Bastou mais uma página para que o menino começasse a se imaginar montando um daqueles camelos, à frente da tropa de viajantes. Ele pensou que os viajantes deveriam enfrentar muitos desafios: tempestades de areia, falta de água e noites geladas. O cansaço durante aquela viagem tão longa o trouxe de volta à biblioteca e à companhia de Lorena.

– Deve ser bem legal andar de camelo, não acha, Lorena?

– Eu estava pensando exatamente nisso! Você nunca experimentou viajar num desses grandões?

– Ah, só nos meus sonhos! Eu morava em Luanda, a capital de Angola, e lá não é como no deserto. É uma cidade grande, com muitas feiras e lojas, sem camelos atravessando as ruas. Além disso, os carros são mais rápidos, né?!

– Entendi – respondeu Lorena, dando-se conta de que na África de hoje existem centros urbanos importantes.

Você sabia?
O Saara, que é o maior deserto do mundo, fica na região norte da África. Ele se estende da costa do oceano Atlântico ao mar Vermelho.

Mas o tempo corria e eles ainda não tinham descoberto como era possível que Akin, vindo de tão longe, pudesse falar português como Lorena. Foi então que a professora pôs diante deles um livro com o seguinte título: *Brasil e Angola – Uma longa história*.

Revirando as folhas do livro, eles ficaram sabendo que o Brasil tinha muito a ver com Angola. Tudo começou com a parte mais triste, mas muito importante, da nossa história: a escravização de homens, mulheres e crianças africanas que foram trazidos para o Brasil.

Séculos atrás muitas pessoas eram capturadas em várias regiões da África e vendidas como escravas para diversos países, incluindo o Brasil. Essa migração forçada uniu para sempre o Brasil aos povos africanos. E era justamente nas praias angolanas que começavam muitas dessas viagens cheias de sofrimento, separações, medo e coragem.

Quem fosse escravizado viajava amontoado nos porões dos navios e durante muitos dias tinha de sobreviver com pouca água e pouca comida. Esses navios eram chamados de tumbeiros, porque lembravam as tumbas onde as pessoas eram enterradas. Muitos realmente não suportavam as péssimas condições da viagem e morriam no mar.

— Isso é assustador! — disse Lorena, arrepiada.

— É mesmo muito triste — concordou Akin. — Mas eu também sei que, antes do tráfico, na região onde hoje é Angola, existiam povos muito bem organizados.

— Isso mesmo — disse a professora, que observava os dois com atenção. — Precisamos saber mais sobre a história desses povos, cuja organização social e política era muito diferente da nossa. Só assim vamos perceber a nossa ligação com gente que vivia do outro lado do oceano Atlântico.

Você sabia?

Quem se ocupava do terrível comércio de pessoas era chamado de traficante de escravos. Eram comerciantes que lucravam muito vendendo e comprando pessoas! A principal razão para a escravidão ter acontecido foi a grande quantidade de dinheiro que esse negócio movimentava.

23

Você sabia?
Na África, próximos a rios férteis e de fácil navegação, floresceram reinos ricos e poderosos. Os grandes rios navegáveis serviam para o transporte de pessoas e mercadorias da costa para o interior do continente. Um deles é o Zaire. Ele é o segundo maior rio da África, com 4.700 km de extensão. Só é menor que o Nilo, que tem 6.758 km.

E, para entender o quanto Brasil e Angola são países próximos, é preciso recuar ao tempo em que os navios portugueses chegavam pela primeira vez às praias da costa africana. Para explicar melhor como se deu essa relação a professora Iolanda contou a história a seguir.

— Era o ano de 1443 quando o navegador português Diogo Cão atravessou o oceano Atlântico e chegou à foz do rio Zaire, onde existia o importante reino do Congo. Esse reino era formado por aldeias e tinha como capital a cidade de Mbanza, onde vivia o rei. Cabia a ele cobrar impostos dos chefes das aldeias e, em compensação, protegê-los de inimigos.

Quando da chegada dos portugueses, quem governava o reino do Congo era Nzinga. Para fazer contato com ele, Diogo Cão enviou-lhe mensageiros com presentes até seu palácio, em Mbanza. Mbanza era uma cidade bem estruturada e bonita, e nela viviam comerciantes, sacerdotes, soldados, agricultores e toda a corte real.

Os mensageiros portugueses ficaram impressionados com o que viram. Mas como eles não voltaram, Diogo Cão julgou que eram prisioneiros e resolveu retornar a Portugal levando consigo quatro congueses. Seu plano era apresentá-los ao rei de Portugal e trazê-los de volta após algumas luas. E assim ele fez.

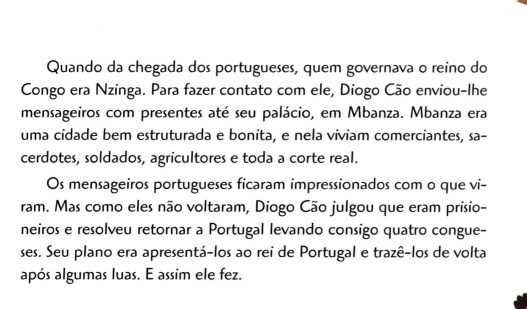

Você sabia?

Ao todo, cinco países africanos foram colonizados por Portugal e por isso têm o português como língua oficial. São eles: Angola, Cabo Verde, Guiné-Bissau, Moçambique e São Tomé e Príncipe.

Passaram-se meses. A notícia do retorno dos quatro congueses, vestidos como os portugueses e trazendo presentes, correu rapidamente pelas praias da região. Logo que chegaram, os quatro homens procuraram Nzinga e contaram tudo o que tinham visto em Portugal. Eles falaram sobre os costumes, barcos e armas dos portugueses. Pensando em tornar seu reino ainda mais forte, Nzinga decidiu propor aliança com o soberano português, D. João II. E, durante muito tempo, portugueses e congueses mantiveram relações comerciais e políticas, embora nem sempre amistosas. Os africanos compravam cavalos, ferramentas e tecidos dos portugueses e pagavam com peles, marfim e cobre de excelente qualidade. Mas, pouco a pouco, os negócios passaram a ter como principal moeda de troca os escravos.

A partir daí, o poderoso reino começou a correr perigo. O tráfico de escravos passou a ameaçar os aldeões, que até então sustentavam o reino do Congo com impostos e soldados. Começou a faltar gente para trabalhar nas lavouras. E, à medida que mais aldeias eram atacadas para escravizar pessoas, mais enfraquecido se tornava o reino. Isso fez com que o rei do Congo reagisse à presença de comerciantes europeus na região. Mas era tarde demais. Os povos da região resistiram muito, mas países como Portugal, Inglaterra, França e Alemanha foram dominando os territórios que antes pertenciam ao reino do Congo. Por fim, o grande reino acabou se desorganizando.

Angola surgiu na região onde há séculos existiu o poderoso reino do Congo, e durante muito tempo permaneceu sob domínio dos portugueses. Mas muita coisa mudou, de lá pra cá. Angola deixou de ser colônia portuguesa em 1975. Desde então, o país tem se desenvolvido e se esforçado para superar os problemas causados por tantos anos de exploração de suas riquezas e de sua gente.

Depois daquela longa viagem dos desertos às praias angolanas, as crianças olhavam umas para as outras impressionadas com quanto a vida delas estava relacionada. Tão cheias de novidades, difícil foi decidir o que contar para a turma. Algo estava claro para elas: a nossa história não pode ser contada sem a África.

3. DA ÁFRICA PARA O BRASIL – A TRAVESSIA DO ATLÂNTICO

Preparem-se, vocês vão conhecer uma garota muito especial.

A especialidade de Isabel, esse é o nome dela, é só acreditar nas coisas se elas forem bem explicadinhas. Outro dia, Isabel ouviu Laís, sua irmã, dizer que o dia e a noite tinham o mesmo número de horas e logo duvidou, sem pestanejar.

– A noite é muito mais longa – calculou Isabel. – O dia passa rápido, principalmente quando passo a manhã brincando na praça.

De nada adiantaram as explicações de Laís; para Isabel, tudo tinha que ser muito bem demonstrado.

E foi assim, certa de sua dúvida, que Isabel chegou à escola bem na hora da aula de História do Brasil. Era sua aula preferida, justamente porque o professor Diogo não se incomodava com a mania que a menina tinha de duvidar. Naquela tarde, o assunto era a vinda dos africanos para o Brasil no tempo da escravidão. O assunto era interessante. Nas aulas de História, todas as interrogações do mundo pareciam escolher justamente a cabecinha de Isabel para fazer pouso.

O professor começou falando e Isabel, com olhos vidrados nele, mergulhou nas suas lembranças. Em uma das muitas férias que passou no sítio da vovó Generosa, ouviu pela primeira vez histórias sobre os africanos da sua família. Quando vovó Generosa falava, as interrogações que moravam em Isabel davam lugar ao coração cheio de afeto que a menina tinha pela avó.

Isabel sempre gostou de ouvir as histórias que vovó Generosa contava. À noite, antes de dormir, ela ficava sabendo sobre reis e rainhas africanos. Mas o que mais a intrigava eram as histórias de quando seus parentes africanos vieram para o Brasil.

Depois da aula, Isabel ficou misturando o que havia aprendido na aula de Diogo com as histórias contadas por vovó Generosa. Na sua cabecinha cheia de dúvidas, as histórias contadas pelo professor começavam a fazer sentido, misturadas às histórias da avó.

Isabel se lembrou de que numa noite de lua, em que estava sentada na esteira, em frente à casa do sítio, ficou sabendo que parentes seus tinham vivido numa fazenda de cana-de-açúcar, bem perto dali.

— Eles moravam na fazenda de um homem que tinha muita terra e escravos — disse Generosa. — Eles viveram boa parte da vida escravizados naquela fazenda.

— Nossa! — disse Isabel, intrigada. — Devia ser muito difícil viver desse jeito.

— Pois é, sua tataravó nasceu na África e veio para o Brasil jovem, ainda mocinha, como ela mesma gostava de dizer.

Dana, a tataravó de Isabel, às vezes falava uma língua estranha, que apenas vó Generosa entendia. Ela dizia que era a língua de sua terra e que só assim podia se comunicar com seus antepassados. Era nessa língua que ela cantava também para os amigos e parentes que estavam na África. Antes de ser escravizada, Dana morava numa pequena cidade no interior da África, numa povoação que ficava à margem de um grande rio, chamado Níger.

Rota dos navios negreiros.

Nas suas conversas animadas, Vó Generosa dizia que Dana morava num lugar muito bonito, movimentado, com pescadores e mercadores que vendiam frutas, tecidos, ouro, cerâmica e animais. Antes de vir para o Brasil, Dana conheceu Licutan. Eles se viram pela primeira vez numa festa que celebrava a boa colheita do ano e foi então que começaram a namorar. Para avisar Dana de quando eles poderiam se encontrar, Licutan, distante, tocava o tambor de um modo que só ela reconhecia. Quando eles se casaram, houve festa durante quase uma semana. Muitos parentes e pessoas das comunidades próximas foram comemorar.

Imaginem vocês que naquele tempo se vivia com muito medo nas aldeias e cidades, porque existia o risco de homens armados prenderem pessoas e as levarem para o outro lado do mar, para trabalharem como escravos. Naquela época se falava na África que o outro lado do mar era chamado de América e era tão longe que não dava mais para voltar e rever parentes e amigos. E isso aconteceu com Dana e Licutan! Meses após terem se casado, a aldeia onde eles viviam foi invadida por homens armados, que capturaram homens, mulheres e crianças.

Dana e Licutan foram acorrentados e obrigados a andar noites inteiras pelo mato, até chegar à beira do mar. Depois foram colocados dentro de um navio. Era um navio negreiro, ou tumbeiro. Lá, com pouca luz e pouca comida, eles ficaram no porão. Homens e mulheres em lugares separados. Num canto escuro, Dana conseguia ver o rosto assustado do seu marido. Havia muito choro de crianças, mulheres e homens. Era difícil dormir por causa do calor e da sujeira, que aumentavam a cada dia de viagem. Pela manhã, Dana e os demais podiam subir para ver o sol. No horizonte, apenas o céu e a imensidão do mar.

Ela estava preocupada com a tristeza de seu marido e com o bebê que ela já sentia se mexer em sua barriga. Essa criança era justamente a bisavó de Isabel.

Muita gente não aguentou a viagem e morreu de fome ou de tristeza. O mais triste é que, na África, as pessoas acreditavam que, quando morriam, iam ao encontro dos antepassados. Mas ali, no meio do mar, no porão do navio tumbeiro, como as almas poderiam voltar para sua terra e encontrar os seus?

Quando falava nessas coisas, Vovó Generosa ficava triste e dos seus olhos chegavam a escorrer algumas lágrimas. Mas logo ela retomava as histórias, como que escapando da tristeza de cada lembrança. Ela contava que, dentro do porão do navio, Dana conheceu diversas pessoas que se ajudavam durante a viagem. Todos dividiam a pouca água e comida que eram jogadas no porão pelos marinheiros. Havia ali pessoas de diversos lugares da África e que falavam línguas diferentes. Eles se ajudavam para suportar a viagem e por isso se tornavam amigos. Eles se chamavam de malungos, que na língua dos africanos queria dizer companheiros da mesma embarcação. Ela disse que muitos dos que vieram no mesmo navio continuaram a se ver e a se encontrar anos depois, no Brasil.

Vovó Generosa contou que, depois de muitos dias, finalmente o navio atracou no porto de uma cidade com muitas torres de igrejas e muitos sobrados em cima e embaixo da montanha verde. Soube mais tarde que era Salvador. Naquele porto, o navio desembarcou muitas pessoas, incluindo Dana. Mas Licutan não desembarcou; o navio seguiu para outra cidade, o Rio de Janeiro, que era um dos grandes portos de importação de africanos escravizados. Ela chorou bastante quando perdeu de vista o amor de sua vida.

Do porto, Dana e os demais foram levados para o porão de um grande sobrado da cidade. Olhando da pequena janela que se abria ao nível do chão, era possível ver o movimento de pessoas na rua. Ela percebeu que as ruas da cidade estavam repletas de pessoas negras e pelo jeito de andar, falar e se vestir notou que muitas delas vinham da mesma região em que ela tinha vivido na África. Dias depois chegou um homem que levou ela e mais cinco africanos para uma fazenda de cana-de-açúcar. Lá, eles ficaram por dias aprendendo a falar algumas palavras e a trabalhar na lavoura. Soube que, a partir de então, eram escravizados e deveriam trabalhar para os seus senhores.

Você sabia?

Foram os africanos e seus descendentes que desbravaram matas, construíram cidades e portos e abriram estradas que ligaram as várias regiões do nosso país. Mas os africanos fizeram muito mais: trouxeram ideias, artes e formas de viver que foram importantes para o Brasil.

Certa noite, Dana admirava o céu, com muita saudade do marido. Como por encanto ela ouviu lá longe um som de atabaque que lhe era familiar. Sim, era o mesmo toque com que Licutan se comunicava com ela no tempo de namoro na África. O coração bateu forte e ela saiu à procura do lugar de onde vinha aquele som. Depois de andar por alguns minutos, ela viu o vulto de um homem embaixo de uma árvore. Aproximou-se calmamente e pôde reconhecer o marido. Eles se abraçaram e esse foi o dia mais feliz de suas vidas depois de terem chegado ao Brasil.

Era um grande milagre terem se reunido novamente e refeito a família. Licutan contou que havia fugido da fazenda em que trabalhava como escravo. Disse que andou por vários meses pela mata, atravessou rios e sertões e em todo lugar em que parava tocava o tambor, na esperança de que Dana pudesse encontrá-lo. Daí por diante, eles começaram a trabalhar para voltarem a ser livres.

Para celebrar aquele reencontro, Dana passou a festejar aquele dia todos os anos. Era uma grande festa em que se reuniam pessoas das redondezas para dançar e relembrar coisas da África. Mas a festa era também a maneira de reencontrar pessoas perdidas pelo tráfico e ajudar outras a conseguir a liberdade.

Depois de todas essas lembranças bem alinhavadas às aulas de História, Isabel não tinha dúvidas. Dava mesmo para acreditar no que aqueles dois, professor e vovó, lhe disseram. Fazia todo o sentido, estava muito bem explicadinho por que havia tanto de África em nós.

Você sabia?
Em 1850, o governo brasileiro extinguiu em definitivo o tráfico de escravos africanos. A escravidão, no entanto, persistiria até 1888, quando foi abolida sob pressão dos escravos e do movimento abolicionista. Calcula-se que, nos seus mais de trezentos anos, o tráfico deportou para o Brasil cerca de 4 milhões de africanos. Esse número não inclui os milhares que morreram na África ou na travessia atlântica.

4. OS AFRICANOS E SEUS DESCENDENTES NA VIDA CULTURAL DO BRASIL

Os sons do atabaque, do agogô e do berimbau vinham com a brisa que soprava do mar. Algo familiar e ao mesmo tempo estranho. O toque e o ritmo surpreendiam os ouvidos. Foi assim que o menino João Pedro despertou do sono depois da longa viagem de Luanda para Salvador. Da sacada do hotel dava para ver o mar e o movimento de pessoas que seguiam em direção às areias da praia. Era o mês de fevereiro, quando se celebrava Yemanjá, a Rainha do Mar para os brasileiros.

João Pedro foi em viagem de férias para a Bahia em companhia de seus pais, Marcos e Maria Luísa, e a pequena Catarina. Eles tinham chegado de Luanda, capital de Angola, no dia anterior, para visitar o Brasil. Decidiram pelo Brasil não só por causa da língua e pela aproximação cultural entre os dois países, mas também pela história da família que os ligava à Bahia. Segundo os mais velhos da família, o tataravô de João Pedro teria vindo como escravo num navio negreiro. Sabia-se que, tempos depois, ele tinha ganhado dinheiro como pintor de igreja, comprado a **alforria** e retornado à África. Daí a motivação da família em conhecer os lugares onde seu antepassado vivera.

Carta de **alforria** era um documento que dizia quando e como uma pessoa escravizada tinha conseguido adquirir sua liberdade. Para ser livre, os escravizados podiam comprar a carta de alforria ou recebê-la gratuitamente de seus senhores.

Na verdade, nem todos estavam assim tão animados. João Pedro resistiu muito a vir ao Brasil. Foi difícil tirá-lo da frente do computador e do *videogame*. Ele chegou a protestar afirmando não haver sentido em viajar para lugar tão distante. Mas não havia alternativa, pois nem com o apoio da pequena Catarina pôde contar. Nos seus quase dois anos, ela só fazia sorrir para as birras do irmão. Não sabia o menino que aquela viagem teria momentos e descobertas surpreendentes e inesquecíveis.

Para guiá-los pelos segredos da cidade, a família Oliveira contou com a ajuda de Vítor, o guia turístico muito sorridente que os recebera no aeroporto no dia anterior. Naquele primeiro dia de passeio pela capital baiana, manhã de muito sol de verão, Vítor os levou ao Pelourinho e percorreram ruas estreitas, ladeiras e becos. A arquitetura lembrava muito os bairros antigos de Luanda, onde a presença portuguesa também foi forte.

— Vejam estes prédios monumentais: foram construídos no tempo em que Salvador era a capital do Brasil — afirmou Vítor.

No interior da igreja de São Francisco, Vítor mostrou esculturas e murais pintados nas paredes e tetos do templo.

— Muitas dessas pinturas e esculturas foram executadas por artistas locais, filhos e netos de africanos. Alguns deles ficaram famosos pintando e esculpindo santos, santas e anjos nas igrejas. Em Minas Gerais, Antônio Francisco Lisboa, conhecido como Aleijadinho, foi o mais famoso – completou Vítor.

— Mas o que se diz é que os portugueses colonizaram o Brasil – disparou João Pedro.

Santa Ceia, de Aleijadinho. Congonhas do Campo, MG.

Você sabia?

Muitos dos casarões construídos em Salvador abrigavam gente rica e seguiam os estilos de grandes cidades portuguesas. Mas quem os ergueu foram negros escravizados, muitos deles nascidos na África. Os melhores artesãos do Brasil colonial eram africanos ou filhos deles. Os modelos das casas eram portugueses, mas foram os africanos que acrescentaram curvas e cores a essas edificações.

Você sabia?

Muitas das mulheres escravizadas que vieram da África vendiam alimentos como peixe, frutas, acarajé, caruru e vatapá. É por isso que muitos ingredientes da nossa alimentação, como quiabo, azeite de dendê e pimenta malagueta, são marcas da forte presença africana no país. Mulheres negras também ficaram famosas como parteiras. No Brasil antigo foi grande o número de crianças que vieram ao mundo nos braços de parteiras negras.

— Sim, mas eles não fizeram isso sozinhos. Além dos indígenas, os africanos foram importantes para a formação cultural do Brasil. E seus descendentes continuam a produzir cultura.

Conduzindo a família Oliveira pelas ruas da cidade, Vítor foi mostrando o espetáculo de cores, chamou a atenção para as roupas coloridas das pessoas, mostrou os salões de beleza onde mulheres trançavam os cabelos, entrou nos ateliês de artistas e escultores no Pelourinho e ainda puderam assistir a aulas de percussão na sede de blocos afros. Esses blocos são grupos culturais que tocam e dançam ritmos inventados pelos africanos e seus descendentes no Brasil. Aquele turbilhão de cores e sons mostrava que as heranças africanas ainda estavam bem vivas e atuantes na vida dos brasileiros.

Foi percebendo semelhanças e diferenças entre Brasil e Angola que João Pedro começou a se animar com a viagem.

— Gente, é quase meio-dia. Vamos aproveitar para experimentar outras invenções afro-brasileiras.

Era inevitável, o cheiro de azeite e de pimenta malagueta despertou o paladar dos Oliveira. Sobre a mesa, Vítor mostrou delícias culinárias. Explicou que o caruru e o vatapá eram comidas de ritual religioso que, com o tempo, foram incorporadas à culinária dos brasileiros.

— Em Angola temos um prato chamado *calulu*, que é feito de quiabo, azeite e peixe. Mas aqui o gosto, a cor e o cheiro do quiabo são diferentes — observou Maria Luísa, saboreando o caruru e o vatapá.

culinária angolana

O prato típico de Angola é o **funge**, uma espécie de polenta cremosa feita com farinha de mandioca ou de milho. O acompanhamento pode ser a **quisaca**, que é feita de folhas da planta da mandioca trituradas, cozidas e temperadas. O curioso é que a farinha de mandioca e o milho passaram a fazer parte da dieta dos africanos após os portugueses se apropriarem da culinária indígena no Brasil.

— No Brasil, algumas dessas invenções africanas incorporaram também ingredientes da **culinária** portuguesa e indígena – explicou Vítor.

Cores, sabores, cheiros, sons, toda aquela novidade havia animado a família Oliveira a ver outros lugares da cidade. Foi então que decidiram ver a festa de Yemanjá nas praias de Salvador.

Ao se aproximarem do local da festa, o som dos atabaques foi se tornando mais nítido. Uma infinidade de sons, ritmos e danças eram executados na areia. Ali, a família pôde ver grupos de pessoas negras, brancas e mulatas em rodas de samba, dançando ao som do pandeiro e do violão. Mais adiante, outras pessoas reunidas em círculo jogavam capoeira e gingavam ao som do berimbau. Música, dança, comida, tudo para celebrar Yemanjá.

© Rogério Reis/Olhar Imagem

Vítor explicou que nesse dia se homenageava Yemanjá, e isso ocorria em várias cidades do Brasil, como Porto Alegre, Recife e Maceió. Yemanjá era uma das muitas divindades que cruzaram o oceano Atlântico com os africanos que vieram para o Brasil. Ela era considerada a Mãe das Águas.

– É verdade, para muitas das nossas religiões as divindades estão ligadas aos diversos elementos da natureza – observou Maria Luísa.

Você sabia?

Também são pratos típicos angolanos o peixe fresco ensopado; o peixe seco cozido ou assado; a galinha cabidela (ao molho pardo); a **muamba** (prato à base de galinha, amendoim, quiabo e outros temperos); ou o feijão preparado no óleo de palma (tipo de azeite de dendê).

Você sabia?

Yemanjá parece uma sereia, com longos cabelos e corpo metade mulher, metade peixe. Em agradecimento por uma graça recebida, ou para pedir proteção, as pessoas oferecem presentes a Yemanjá. Esses presentes são colocados em grandes balaios e lançados ao mar. Entre as oferendas estão flores, perfumes, sabonetes, espelhos. Tal como os deuses gregos, as divindades africanas possuem sentimentos, desejos e até caprichos humanos.

A festa acontece no dia 2 de fevereiro em várias regiões do Brasil. É uma das festas mais populares e atrai milhares de pessoas para as praias e para as margens dos rios. Yemanjá é dona dos mares, protetora dos pescadores, marinheiros e todos os que se aventuram nas águas do mar. É ela quem manda para longe as tempestades, o tempo ruim, e enche as redes de peixes. No seu dia levam-lhe presentes, cantam e dançam para ela.

Vítor disse ainda que, além de Yemanjá, existiam dezenas de divindades ligadas aos elementos da natureza. No tempo da escravidão era muito difícil para os africanos cultuar suas religiões. Isso porque os senhores e as autoridades proibiam cultos africanos. Então, eles passaram a fazer o culto longe das fazendas e das cidades. À noite iam para bem longe, onde a batida do tambor se perdia na mata.

Depois de depositarem flores e fazerem pedidos a Yemanjá, os Oliveira sentaram-se na areia para descansar e contemplar o pôr do sol. No mar avermelhado apenas a silhueta dos barcos que levavam as oferendas. Marcos ficou pensando no tanto de invenções africanas existentes no Brasil. Ficou imaginando que, em meio ao sofrimento decorrente do tráfico, os africanos conseguiram imprimir sua marca, suas crenças e suas maneiras de pensar. Seus pensamentos foram interrompidos pelas reflexões de João Pedro.

– Pai, navegando por esse mar afora a gente pode chegar à África, não é?

– Verdade, filho, mas depois do que vimos hoje aqui sinto que não precisamos nem atravessar o mar para chegar à África. Uma parte significativa dela está no Brasil.

5. INVENÇÕES AFRO-BRASILEIRAS

Açucena é a *caçula* da família. Tomás adora *cafuné*. Chico sempre faz muita *bagunça* e João gosta de *cochilar* depois do almoço. Você sabia que *caçula, cafuné, bagunça* e *cochilo* são palavras de origem africana que passaram a fazer parte do vocabulário da língua portuguesa graças à presença dos africanos no Brasil? Pois é, era com esse assunto que Camila, Chico e Bia estavam às voltas naquela tarde.

A tarefa escolar daquele dia era escrever sobre a importância dos falares africanos para nós, brasileiros. O grupo estava empenhado em fazer uma redação bacana, mas cadê a inspiração? Sabe aqueles momentos em que as boas ideias parecem brincar de esconde-esconde com a gente? Há horas eles pensavam sobre como escrever o texto, embora tivessem outros planos para o fim da tarde.

– Será que vai dar tempo de brincar hoje? – perguntou Bia, um tanto desanimada.

— Acho que não dá. Ainda nem conseguimos começar o texto! — lamentou Camila.

— Está tão difícil!

— Até parece que nossas boas ideias tiraram férias — disse Bia, enquanto relia o tema: "O que há dos povos africanos na nossa língua?".

— E se fizéssemos uma lista das palavras de origem africana que usamos no Brasil? — disse Chico, com cara de esperto.

Camila já tinha pensado nisso, mas não achou uma ideia original. Eles precisavam fazer algo diferente. Ela sugeriu, então, que fossem à biblioteca; quem sabe, folheando alguns livros, não surgiria uma ideia melhor?

— É isso aí. Tenho mesmo que devolver um livro — concordou Chico.

— Vamos nessa — disseram a um só tempo.

Assim que chegou à biblioteca o trio procurou dona Rute, a bibliotecária.

Você sabia?

A língua portuguesa que falamos no Brasil foi recriada graças aos muitos povos indígenas, africanos e imigrantes que formam a nossa cultura. A maneira como nos expressamos em palavras e gestos é o resultado da presença de muita gente diferente vivendo no nosso país.

— Olá, dona Rute. Temos de fazer uma pesquisa – disse Chico.

A bibliotecária, sabendo da predileção daquela turma, já ia indicar um livro de ficção científica que tinha acabado de chegar, mas parou para ouvir com atenção e decidir como orientá-los. Camila foi direto ao assunto:

— A gente tem de escrever uma redação sobre a influência dos povos africanos na língua portuguesa, mas não sabemos bem o que dizer.

— Humm, acho que conheço algumas pessoas que podem ajudá-los – disse dona Rute, que logo desapareceu por um corredor. Não tardou muito para que ela retornasse e pusesse diante daqueles três curiosos vários livros de literatura e história.

— Ih, tá ficando complicado. Nós queremos saber sobre palavras africanas e agora temos de ler tudo isso! Eu esperava um pouco mais de diversão para esta tarde – disse Bia, um tanto desapontada.

Salvador (BA) no final do século XIX.

Mas o que ela não sabia é que a história que eles estavam prestes a conhecer traria a tal inspiração que buscavam.

Depois de muito pesquisar, no meio de uma pilha de livros um pouco empoeirados, eis que as crianças encontraram um de capa verde que contava a história de um jornalista chamado Luiz Gama. Curiosos, eles se ajeitaram num canto confortável do sofá da sala de pesquisa para folheá-lo.

Daí a pouco, desembarcaram na cidade de Salvador, na Bahia do século XIX. Era uma cidade com vários sobrados, com muitas janelas abertas para ruas estreitas. Sob um sol forte, carroças puxadas a cavalo e crianças descalças se misturavam a mulheres equilibrando cestos e tabuleiros na cabeça.

Salvador, BA.

Na época, muitos navios zarpavam do porto de Salvador para o do Rio de Janeiro levando pessoas escravizadas. Um deles levou Luiz Gama, garoto magrelo, de cabelos crespos e com dez anos de idade.

Ele parecia confuso e não era pra menos. Ele fora vendido como escravo! Luiz Gama era filho de uma africana liberta, Luísa Mahin, e de um português. Daí que ele não poderia ter sido vendido como escravo. É triste, mas, durante a escravidão, mesmo quem havia nascido livre, mas era negro, corria o risco de ser escravizado.

Quando Luiz Gama desembarcou no Rio de Janeiro, a cidade era assim, como nestas fotos.

Enquanto via Salvador se afastar no horizonte, o menino pensava sobre o tempo em que viveu com sua mãe. Ela trabalhava vendendo frutas e doces nas ruas da cidade. Conta-se que Luísa Mahin teve de deixar o pequeno Gama com o pai para se esconder, porque estava sendo acusada de ter envolvimento com fuga de escravos. Era uma mulher orgulhosa da sua origem africana. O menino sempre se lembraria dela como guerreira valente que lutou pela liberdade.

Mas agora Luiz Gama seguia sozinho, e pior, como cativo, para o Rio de Janeiro. Até que lá chegasse foram dias longos e noites difíceis. E foi no Rio de Janeiro daquele tempo que o pequeno Luiz Gama foi vendido para um comerciante português, chamado Vieira.

Você sabia?

Algumas palavras africanas no português falado no Brasil: samba, xingar, muamba, tanga, sunga, jiló, maxixe, candomblé, umbanda, berimbau, maracutaia, forró, capanga, banguela, mangar, cachaça, cachimbo, fubá, gogó, agogô, mocotó, cuíca.

© Museu Histórico Nacional, Rio de Janeiro

© Coleção Gilberto Ferrez. Instituto Moreira Salles, Rio de Janeiro

Esse comerciante ganhava muito dinheiro comprando cativos de uns e vendendo para outros. E quando recebeu boa proposta tratou de vender aquele menino para um homem que vivia em São Paulo. Assim, Luiz Gama começou outra penosa viagem. Foram vários dias andando a cavalo e dormindo em tendas até chegar a São Paulo.

"Ufa!", pensou Chico. "Depois de tantas viagens ele deveria estar exausto."

E estava. No mais, o cansaço aumentava o medo do garoto diante do que o aguardava. Luiz Gama sabia que a vida no cativeiro era muito difícil. Sua mãe sempre lhe falava sobre o absurdo de uma pessoa ter de se submeter a outra.

Assim que chegou ao casarão do seu novo proprietário, ele soube das tarefas que deveria assumir: lavar, passar roupas e trabalhar como sapateiro. Nessa nova e difícil vida, o menino fez-se ainda mais esperto e corajoso. Aproveitou para aprender a ler e a escrever com hóspedes do seu senhor e, assim que pôde, fugiu.

Naquele tempo poucas pessoas, mesmo brancas e nascidas livres, sabiam ler e escrever. Luiz Gama soube tirar vantagem desse seu conhecimento. O gosto pelo mundo dos livros levou nosso amigo ainda mais longe: ele começou a publicar poemas.

– Que história incrível! – exclamou Bia, mal disfarçando sua surpresa. Ela não sabia que havia escritores importantes que tinham sido escravizados!

Foi nesse momento que dona Rute surgiu de um daqueles longos corredores da biblioteca e perguntou:

– E então, tiveram alguma boa ideia?

Camila agora entendia a dica da bibliotecária para a redação: autores negros na nossa literatura.

– Ah, agora ficou fácil – disse Chico.

– Vamos escrever não só sobre as palavras que os africanos e seus descendentes incluíram no nosso vocabulário, mas também sobre escritores negros no Brasil.

– Pois é – esclarecia dona Rute –, autores como Luiz Gama ensinam que o modo como falamos e escrevemos conta muito sobre a história dos africanos e afrodescendentes na cultura do nosso país. Por intermédio desses escritores podemos saber mais sobre sentimentos e modos de ver a sociedade brasileira no tempo do cativeiro e mesmo depois que a escravidão acabou.

– Além de excelente literato e jornalista – continuou dona Rute –, Luiz Gama se tornou advogado e ajudou muitos escravos a conquistarem suas alforrias na justiça. Como ele conhecia muito bem as leis brasileiras e estava sempre disposto a defender a liberdade, quem precisava de ajuda sempre chegava à casa dele.

A bibliotecária levou-os então à estante de literatura brasileira com livros de Machado de Assis (1839-1908), Cruz e Souza (1861-1898), Maria Firmina dos Reis (1825-1917) e Lima Barreto (1881-1922). Todos grandes autores da nossa literatura e, como Luiz Gama, descendentes de africanos. O mais conhecido entre eles é Machado de Assis.

Esse mulato, filho de um pintor de paredes e de uma lavadeira, nasceu no Rio de Janeiro. Ainda hoje considerado o autor mais genial da nossa literatura, ficou órfão muito cedo e, por isso, foi criado pela madrasta, que era cozinheira de colégio. Sempre interessado nos livros, ele aprendeu francês e latim. Desde então, o mundo das palavras definiu os rumos da sua vida. Machado de Assis foi tipógrafo, revisor de textos, cronista, poeta e romancista.

A genialidade de Machado de Assis marcou tanto a literatura brasileira que ele ficou conhecido como *Bruxo do Cosme Velho*. Cosme Velho era o bairro carioca onde ele morou grande parte da sua vida; bruxo porque conseguia, como poucos, inventar personagens e situações muito próximas às do seu tempo.

Inspirado pelo bruxo e encorajado pelo jornalista, nosso trio de jovens escritores tratou de pôr na tela do computador um pouco das histórias deles e também das contadas por eles. Misturando a vida real com o mundo que imaginavam, Camila, Chico e Bia descobriram que ser escritor podia ser algo divertido.

E você, já pensou em inventar uma história por pura invencionice?

6. QUEM ENTRA NA RODA DA CULTURA AFRO-BRASILEIRA?

Esta é uma história de dois meninos bem parecidos, mas também muito diferentes: Cauê e Caíque.

Cauê mora em Recife, numa casa grande, com telhado alto e frutas no quintal. Ali as paredes coloridas se misturam com o azul do céu de verão. Esse nosso pequeno amigo de tudo aproveita: dorme em rede, bebe suco de goiaba, come alface da horta. Aliás, comer é dizer pouco. Cauê, que tem onze anos e come de tudo, de manga a jaca, de peixe a tomate, É GULOSO – assim mesmo, com letras maiúsculas.

E tudo corria assim, sem sustos nem novidades para ele até que, num só dia, duas notícias. Uma era a de que Cauê ia ter uma irmã que ainda crescia na barriga da mãe. Outra, que ele iria conhecer o primo Caíque, da mesma idade dele. Bem, Cora ainda levaria uns sete meses para chegar, mas Caíque já estava bem diante dele, com olhos curiosos e malas nas mãos.

Caíque veio de São Paulo, dos arranha-céus e ruas largas da capital paulista. Ele está acostumado com as luzes coloridas das vitrines e a agitação da grande metrópole. Se perguntarmos para ele "Qual seu prato predileto?" de pronto ele dirá: "Pizza!" Ele até gostava da trovoada e da chuva, mas quando o céu clareava gostava mesmo era de jogar bola no parque.

Em pouco tempo os dois se fizeram bons amigos. Mesmo porque descobriram que eram mais que parentes, eram bem parecidos. Ambos adoravam bolo de chocolate, filme de aventura e capoeira. Essa descoberta foi o que bastou para que Cauê convidasse o recém-chegado para dar umas pernadas no meio da varanda. Caíque titubeou, mas logo respondeu ao chamado dando um grande salto mortal. Foi então que nossos capoeiristas se deram conta de que jogavam de modo diferente, tinham passos e ritmos que não combinavam na mesma roda. Foi o bastante para que a recente amizade tivesse a primeira rusga.

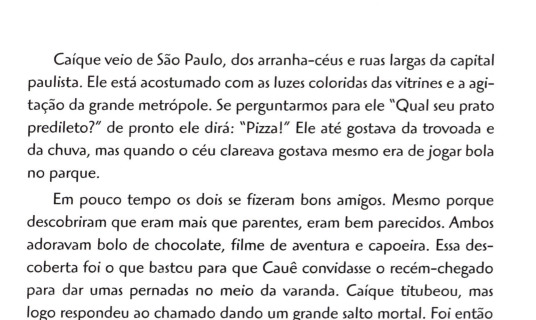

Você sabia?

A capoeira, hoje, é um jogo no qual não se pode machucar o adversário. No tempo da escravidão não era bem assim. Quem vivia cativo precisava ter formas de defesa e de ataque, usando o próprio corpo. Imagine alguém fugindo do cativeiro: até que pudesse ficar seguro teria de saber lutar para escapar de seus perseguidores. Por isso, a capoeira surgiu como forma de luta.

— Ué, não te ensinaram a dar saltos como este? – disse Caíque, provocativo.

— Ora, eu jogo capoeira, não faço acrobacias – respondeu Cauê, prontamente.

Sr. Joaquim, trabalhador do sítio, assistia com um sorriso mal disfarçado à disputa entre os dois garotos. Assim que o avistou, Cauê foi ao seu encontro, aos berros:

— Sr. Joaquim, Caíque não sabe jogar capoeira e quer me enganar dando saltos.

— Nada disso – interrompeu Caíque –, é você quem finge saber.

— Calma! – disse o sr. Joaquim, pondo ambos sentados lado a lado.

E, antes que a discussão recomeçasse, o esperto senhor foi esclarecendo:

— Não há certo ou errado no jogo da capoeira. Vocês praticaram capoeira com tradições diferentes, por isso jogam cada um de um jeito.

— Como assim? – disseram os meninos, em coro.

— Ora, para vocês entenderem, vamos conversar sobre a cultura de origem africana no Brasil. Isso se estiverem dispostos a dar uma trégua nessa briga boba, para saber mais sobre a história da nossa cultura. E então?

O sim foi dito num novo coro, embora cada qual tenha pensado: "Essa história há de provar que sou eu quem joga direito!" Será?

60

– Bem – começou o sr. Joaquim –, os primeiros praticantes de capoeira foram africanos que vieram escravizados para o Brasil. Além dos escravos, negros libertos e mesmo brancos também já eram vistos nas rodas de capoeira. Eram trabalhadores que aproveitavam os momentos de folga para se encontrar com amigos, parentes e até rivais dispostos a acertar contas no jogo da capoeira. Nessas oportunidades, reunidos na roda, conversavam, contavam histórias e compunham músicas.

– Eu conheço um monte de músicas de capoeira – disse Cauê, num rompante.

– É mesmo? – indagou o sr. Joaquim. – Cante para mim!

Foi então que Cauê disparou a seguinte canção:

Vou dizer ao meu senhor
que a manteiga derramou.

Logo em seguida, Caíque emendou a estrofe seguinte:

A manteiga não é minha,
a manteiga é de Ioiô.

Foi o bastante para que os três ficassem de pé e começassem a ensaiar alguns passos bem gingados. Depois de rirem muito, o sr. Joaquim retomou a conversa e falou sobre o tempo em que a capoeira foi perseguida pela polícia e chegou mesmo a ser proibida por lei. As autoridades da época achavam que capoeira era coisa de gente desocupada e criminosa. Em cidades como Salvador, Rio de Janeiro, Belém e Recife os praticantes eram perseguidos e a polícia vigiava os locais onde eles costumavam se reunir. Mas o curioso é que, apesar da proibição, o número de capoeiristas que ensaiavam rasteiras e cabeçadas não parou de crescer.

Os garotos se olhavam surpresos, sem entender por que aquele jogo de corpo tão divertido tinha sido visto dessa forma.

– Ainda bem que a capoeira sobreviveu a tanta perseguição – comentou Caíque.

A observação do menino fez ressurgir o sorriso do velho.

— Pois é — prosseguiu o sr. Joaquim —, se hoje podemos jogar capoeira é porque muitos mestres a defenderam e a preservaram. Dois deles foram muito importantes: Mestre Pastinha e Mestre Bimba.

— Eu sei um pouco sobre o Mestre Bimba — disse Caíque — porque meu mestre sempre o homenageava.

Para Bimba, a maneira de fazer a capoeira deixar de ser perseguida era transformando-a numa prática esportiva, como o judô e o jiu-jítsu. Para ele, a capoeira era um jogo de ataque e defesa, uma maneira de exercitar o corpo. Até hoje se conta que ninguém tocava berimbau tão bem quanto ele.

Outro grande mestre foi Pastinha. E dele Cauê já tinha ouvido falar.

Mestre Bimba.

Mestre Pastinha.

O **Carnaval** surgiu nas cidades brasileiras no século XIX, quando ainda existia escravidão. Nessa mesma época a música tocada por músicos negros começou a fazer parte da festa. Inicialmente organizada em pequenos grupos – os ranchos –, depois em blocos, afoxés e escolas de samba, a população afrodescendente imprimiu sua marca no que se tornaria o maior símbolo da cultura brasileira, o Carnaval.

O sr. Joaquim contou que Pastinha é visto com muito respeito por conta de sua luta pela preservação de tradições no jogo da capoeira. A preservação das cantigas, da variedade de toques do berimbau, da postura dos jogadores fazia parte das rodas comandadas pelo Mestre Pastinha. Ele também era contra a violência na roda de capoeira e proibia golpes que pudessem machucar o adversário. Esse mestre tão sábio fazia questão de dizer que a capoeira era uma invenção genial dos povos africanos, era herança a ser preservada por todos os brasileiros.

Esses dois grandes mestres foram diferentes, mas igualmente importantes na preservação de nossas tradições e na criação de nossa cultura. É graças a eles e a tantos outros mestres que podemos rodopiar na boa roda de capoeira.

– Hoje a capoeira não é só coisa de negro nem mesmo de brasileiro. Há capoeiristas no mundo todo.

– Que história incrível! – disse Caíque.

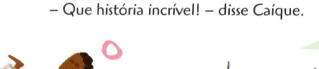

© Hemis/Alamy/Other Images

— Pois é! Nossa cultura é cheia de histórias assim. Temos muitas tradições de origem africana que se transformaram em festas e costumes celebrados de maneiras diferentes no país. Outro bom exemplo é o **Carnaval**.

Mal o sr. Joaquim terminou de falar e os meninos já estavam discutindo sobre onde o Carnaval era mais divertido. Um falava dos Caboclinhos de Recife, do Galo da Madrugada, o outro das escolas de samba cariocas e do Trio Elétrico que tinha visto em Salvador... Diante da nova birra, só restou ao nosso esperto capoeirista sair bem de mansinho, mas não sem antes dizer:

— Vocês dois ainda têm muito que aprender, ah, se têm!

© Tibor Bognar/Alamy/Other Images

7. A MÚSICA AFRO-BRASILEIRA É FEITA DE MUITOS SONS!

"Será que os adultos pensam que criança adivinha o futuro!?" pensava Cecília, enquanto se esquivava de responder ao "O que você vai ser quando crescer?" da dentista, dra. Valéria. Cecília sabia que a pergunta era uma maneira de Valéria distraí-la, ajudá-la a não sentir medo. Mas o que a dentista não sabia é que sua paciente se irritava com perguntas para as quais não tinha respostas.

Foi por isso que a garota logo disparou:

— Eu só vou saber quando crescer, né?! Só tenho nove anos!

Mal disfarçando o riso com a pronta resposta de Cecília, Valéria começou a examinar os dentes da menina. A visita à dentista não demorou muito. Mas a insistência de algumas pessoas em tentar saber como exatamente seriam as coisas no futuro continuou a intrigar Cecília.

A birra era com perguntas sem nenhuma pista da resposta. "O que você vai ser quando crescer?" era uma delas. Cecília gostava de mudar de ideia, de conhecer novidades, o que tornava complicado para ela definir o que queria ser no futuro. Daí a irritação certeira quando vinha essa tal pergunta. Essa era outra característica da menina: gostar de coisas diferentes.

Algumas crianças também não entendiam tamanho gosto por variedades e experimentações. Uma delas era Raí. Eis um garoto que adorava *rap* e, ao contrário de Cecília, gostava de fazer sempre as mesmas coisas. Ele não via a menor graça em experimentar jogos, músicas, comida ou passeios diferentes se os de sempre já eram bons. Até suas roupas eram bem iguais. Camisetas sempre pretas sobre bermudas largas.

E tudo ia bem, cada qual do seu jeito, até que um dia esses dois tiveram de encarar juntos o mesmo desafio. Tudo começou quando uma amiga em comum, Flora, os convidou para fazer parte da equipe que montaria o painel sobre música afro-brasileira durante a feira de artes da escola.

Assim que se reuniram para decidir sobre o painel, Cecília e Raí perceberam suas diferenças quando se perguntaram: o que é música afro-brasileira? Papo vem, papo vai, mas a conversa não chegava a nenhuma conclusão.

Cecília achava que só havia uma resposta, o samba.

– Vocês nunca perceberam que sempre toca samba nas notícias de TV sobre cultura afro-brasileira? – ela insistia.

Mas Raí queria mesmo era falar sobre *rap*; afinal, não é esse o ritmo que toca nos bailes das comunidades negras?

– Prefiro falar sobre o que conheço bem – defendia.

Mas Cecília relutava:

– Nada disso, esse garoto só quer saber de *rap*!

Os teimosos persistiam na discordância. Ainda bem que Flora estava ali para convencê-los de que era preciso que chegassem a um acordo, mesmo porque só teriam três dias para deixar tudo prontinho.

— Ei, vocês, desse jeito não vamos conseguir criar painel algum! Já imaginaram como vai ser se não conseguirmos participar da feira? Todo mundo vai estar lá!

Por alguns instantes ficaram em silêncio. Então, Flora prosseguiu:

— Já sei o que podemos fazer! Por que não juntamos tudo o que acharmos que são ritmos afro-brasileiros e depois decidimos como montar nosso painel?

O esforço de Flora em fazê-los entender que era bobagem continuar naquela discussão os deixou envergonhados. Enquanto cada um tentava impor suas opiniões, a amiga encontrou uma saída simples para o impasse.

A birra foi então encerrada, ou, pelo menos, adiada. Eles resolveram que cada um iria pesquisar em livros, *blogs* e *sites* da internet até descobrir o que as pessoas chamavam de música afro-brasileira.

Raí correu para o computador e visitou os sites que já conhecia, todos sobre rap. À medida que pesquisava, ia descobrindo conexões entre o rap e outros ritmos. Sem perceber, sua atenção foi escapando das páginas conhecidas e navegando em busca de novidades. Entre uma pitada de curiosidade e outra de desconfiança, Raí mergulhou num turbilhão de sons e histórias. Mal sabia ele quanto iria se surpreender com suas descobertas.

No tempo da escravidão toda música ritmada com palmas e tambores era chamada de batuque pelos viajantes estrangeiros. No jongo, por exemplo, há canto, dança e percussão, mas é diferente do samba. O jongo é uma manifestação cultural própria de comunidades negras do Sudeste do Brasil na qual, além das palmas cadenciadas e do movimento veloz do corpo dos dançarinos, os participantes cantam versos que precisam ser respondidos pelos outros. É como se, dançando e tocando, eles desafiassem os parceiros a completar os versos.

Batuque, de Rugendas. c. 1835.

"Isso quer dizer que esse tal de jongo pode ser parente do *rap* inventado pelos negros norte-americanos?", pensou o menino, surpreso e feliz pela descoberta.

Enquanto isso, Cecília remexia livros e CDs dos pais em busca de informações e sons que dessem pistas sobre a história do **samba**. Depois de muito procurar, ela se deu conta de que há vários tipos de samba. Samba-enredo, samba de roda, partido-alto são algumas variações que desde o tempo da escravidão animam as festas brasileiras. Pesquisando na internet, Cecília percebeu quanto o samba de roda da Bahia, por exemplo, era diferente dos enredos das escolas de samba que desfilam no carnaval carioca. E a menina, que nunca tinha pensado em como uma palavra pode significar coisas distintas, foi tomada pela surpresa.

O **samba** de roda do Recôncavo baiano e o jongo da região Sudeste são patrimônios culturais brasileiros, ou seja, devem ser preservados, e expressam sentimentos e valores do povo brasileiro. No tempo da escravidão, o samba, simplesmente chamado de batuque, era proibido e perseguido pelas autoridades. Na década de 1930, o samba ganhou do governo brasileiro a condição de símbolo da cultura nacional.

Jongo de Piquete (SP).

© Marco Antônio Sá/Pulsar Imagens

71

Já Flora acertou na mosca quando resolveu conversar com a tia Rita. Ela era passista e não perdia os ensaios na quadra da Mangueira. Fazendo o almoço, revendo suas lembranças, tia Rita contou o que sabia.

— Ih, a história do samba é muito antiga, minha querida. A palavra samba vem de *semba,* como era chamada a roda formada por músicos e dançarinos na região que hoje corresponde mais ou menos a Angola. Com a vinda dessa gente para cá por causa do tráfico de escravos, o ritmo se espalhou pelo país e foi se modificando enquanto era tocado e dançado por muitos outros africanos.

Naquela época os escravizados aproveitavam as festas religiosas católicas para promover seus sambas, cantando canções que atravessaram o oceano Atlântico com eles, mas também criando outras que falavam das saudades, dos amores, das alegrias e da vida difícil no cativeiro.

Você sabia?
O samba "Pelo telefone", lançado em 1917, de autoria de Donga e Mauro Almeida, é considerado o primeiro samba de grande sucesso nas rádios do Rio de Janeiro.

Com o passar do tempo, o samba foi conquistando gente que tinha nascido livre, fossem negros ou brancos, e outros instrumentos como a viola foram introduzidos na roda de samba. A persistência e a criatividade desses africanos e seus descendentes foi tamanha que o ritmo se tornou um dos símbolos da cultura brasileira – disse tia Rita que já ia cantarolando e requebrando.

— Nossa! Essa história também é muito animada!

— Então, é claro que as pessoas escravizadas se divertiam, mas sambar era mais que isso. Festejar, dançar e cantar também era uma maneira de não se esquecerem de onde tinham vindo e de reforçar a amizade entre eles. Dizem que até rebeliões contra o cativeiro foram tramadas ao som dos tambores.

Depois dessa conversa, a cabecinha de Flora estava cheia de ideias para o painel. Quando os três se reuniram para ver o que tinham encontrado, aconteceu algo inesperado: eles concordavam! Nas suas pesquisas, eles tinham percebido que não havia só um caminho para se conhecer a música afro-brasileira. Com todas as informações, sons e inquietações foi fácil montar o painel mais bacana da feira de artes. Eles puseram para tocar sons de diversos tipos de samba, de jongo e mesmo de *rap*, e montaram um painel com fotografias, gravuras e muitas... muitas histórias.

Depois dessa trabalheira toda, Raí propôs que fossem tomar um sorvete para comemorar. As meninas concordaram sem pestanejar e Cecília se apressou a dizer: "Os sabores, a gente decide no caminho".

8. FIM DA VIAGEM?

Esperamos que após essa viagem pelo Brasil e pela África você tenha percebido que a relação entre essas duas margens do Atlântico foi construída à custa de encontros, desencontros, perdas, descobertas e reinvenções. Essa história é bastante antiga, remonta à chegada dos primeiros navegantes europeus que traziam em seus navios homens, mulheres e crianças africanas. Foi uma história marcada pelo drama de pessoas que foram retiradas à força de seus lares e tinham poucas chances de rever parentes e amigos que deixaram na África.

Para sobreviver no mundo da escravidão, os africanos e seus descendentes tiveram de descobrir e redescobrir a África, uma vez que o tráfico deportou povos de diversas regiões, com idiomas, religiões e valores diferentes. Foi no Brasil que esse encontro de tradições e culturas africanas diversas aconteceu. Da diversidade cultural desse encontro nasceram novos ritmos musicais, formas de se divertir, de preparar os alimentos, expressões literárias e artísticas que fazem parte do patrimônio cultural do Brasil. É o que chamamos de cultura afro-brasileira.

Mas essa é também uma história de superação, criação e invenção. E, como cultura também quer dizer movimento, essas invenções continuam até nossos dias.

Contudo, este livro está longe de esgotar o assunto. Há muito ainda a descobrir sobre diferenças e semelhanças entre Áfricas e Brasil. A todo instante surgem novas invenções culturais, frutos dessa interação. As histórias que aqui contamos mostram que as Áfricas que formaram o Brasil estão presentes em nosso cotidiano.

Perceber isso implica curiosidade e desejo de descobrir. Imaginar e pesquisar nos possibilita entender melhor o que somos e valorizar nossas heranças africanas que, por muito tempo, foram negadas pelo preconceito e pela intolerância. Tal como os personagens deste livro, você pode fazer suas próprias buscas e descobertas do que há de África em nós.

WLAMYRA ALBUQUERQUE

Olá,

Eu sou Wlamyra Albuquerque, professora de História do Brasil na Universidade Federal da Bahia (UFBA), escritora e mãe de Alice. Moro em Salvador, adoro praia, andar pelas ruas e alimentar os passarinhos que pousam na nossa varanda pela manhã. Estudar História é o que mais gosto de fazer, por isso resolvi ser professora. Quem é professor está sempre aprendendo sobre o que ensina. Sou doutora pela Universidade Estadual de Campinas (Unicamp) e tenho alguns livros sobre o fim da escravidão no Brasil, entre eles *O jogo da dissimulação: Abolição e cidadania no Brasil*. Com meu amigo Walter Fraga escrevi dois livros: *Uma história do negro no Brasil* e *Uma história da cultura afro-brasileira*. Este ganhou o prêmio Jabuti em 2010.

WALTER FRAGA

Olá, gente,

Eu sou Walter Fraga, professor de História da Universidade Federal do Recôncavo da Bahia (UFRB). Moro em São Félix, Bahia, e leciono em Cachoeira, cidades separadas por um rio e unidas por uma ponte do tempo do imperador D. Pedro II. Foi nesse cenário que aprendi a gostar de História, a escrever e pesquisar sobre o que pensavam e como viviam os africanos e seus descendentes no Brasil. Fiz doutorado na Universidade Estadual de Campinas (Unicamp) e foi lá que escrevi *Encruzilhadas da liberdade: histórias de escravos e libertos na Bahia (1870-1910)*. Pela Editora Moderna, temos o *Uma história da cultura afro-brasileira*, que recebeu o prêmio Jabuti de melhor livro na categoria Didático e Paradidático em 2010. *O que há de África em nós* é o terceiro livro que escrevo em parceria com Wlamyra Albuquerque.